끙끙, 네모난 쇠똥을
집에 어떻게 가져가지?

널빤지를 이용해서
쇠똥을 수레에
실으면 돼.

## 글 이현숙

나가사키에서 태어나 부산에서 자랐고 대학에서는 사학을 전공했습니다. 일러스트와 애니메이션, 그리고 편집 디자이너로 일하다가 지금은 일러스트와 함께 어린이 그림책에 글을 쓰는 일을 하고 있습니다.
지은 책으로는 <꼭꼭 숨어라>, <혼자 가면 안 돼> 등이 있습니다.

## 그림 황종욱

로댕 같은 훌륭한 조각가를 꿈꾸며 고등학교와 대학교에서 조각을 공부하였고, 출판사 미술부에 근무하면서 그림을 그리게 되었습니다.
지금은 자연에서 만난 동물과 곤충, 풀과 나무 들을 즐겁게 그리고 있습니다.
<얼룩갈매기>를 쓰고 그렸으며, 그린 책으로는 <신기한 마술보자기>, <나무야, 안녕> 등이 있습니다.

## 감수 김중복

고려대학교 물리학과를 졸업하고 한국과학기술원에서 이학박사 학위를 받았습니다. 현재는 한국교원대학교 물리교육과 교수를 맡고 있습니다.
그동안 쓴 책으로는 <과학교사를 위한 빛과 파동>, <파동과 진동> 등이 있습니다.

기계와 도구 · 도구의 원리 **27 영차영차 쇠똥을 굴려라**

이현숙 글 · 황종욱 그림 · 김중복 감수
펴낸곳 (주)아람키즈 | 펴낸이 이소영 | 주소 서울특별시 성동구 성수이로 147, 아이에스비즈타워 2F
고객센터 1644-4521 | 팩스 02-468-5548 | 홈페이지 www.aramkids.co.kr | 출판등록 제2020-000011호
기획 · 편집 · 디자인 (주)아람키즈 하늘땅
ISBN 979-11-6543-536-3 979-11-6543-574-5(세트)

# 영차 영차 쇠똥을 굴려라

이현숙 글 · 황종욱 그림 · 김중복 감수

아람키즈

똥똥똥똥 똥 굴리는 쇠똥구리*네.
영차영차 쇠똥을 굴려라.
엄마도 동글동글, 아빠도 동글동글.
만날 만날 동글동글한 쇠똥만 굴려 왔어.

꼬마 쇠똥구리, 똥구리는 그게 늘 불만이었어.
"동글동글한 쇠똥은 이제 먹기 싫어요.
네모난 쇠똥, 세모난 쇠똥이 먹고 싶어요!"
하지만 엄마 아빠는 만날 같은 말만 했어.
"동글동글해야 잘 굴릴 수 있단다."

똥구리는 직접 똥을 굴리러 나섰어.
쇠똥 동산 앞에 멈춰 선 똥구리는 눈이 똥그래졌지.
"우아, 쇠똥 동산이 무지 크다."
똥구리는 쇠똥을 떼어 내 열심히 뭉치고 다져
반듯반듯 네모난 쇠똥을 만들었지.
영차영차 쇠똥을 굴려라!

“어라? 안 굴러가네.”
낑낑 끙끙, 아무리 힘을 써도 안 굴러갔어.
동글동글 쇠똥이 열 바퀴 구를 때,
네모네모 쇠똥은 한 바퀴도 못 굴렀지.
“좋은 방법이 없을까?”

그때 덜그럭덜그럭 짐을 실은
**달구지***가 지나갔어.
"아, 맞다. 바로 저거야!"
똥구리가 어디론가 쌩하고 가더니
덜컹덜컹 **수레***를 끌고 왔어.

“자, 이제 실어 볼까?

어라? 꼼짝도 안 하네. 이걸 어떻게 수레에 싣지?”

낑낑 끙끙, 아무리 힘을 써도

너무 무거워서 들 수가 없었어.

똥구리는 여기서 포기할 수 없었어.

“좋은 방법이 없을까?”

똥구리는 문득 지난번 이사할 때 생각이 났어.
"아, 맞다. 그때 아빠가 **널빤지***로 짐을 실었지!"
똥구리는 어디선가 구해 온 널빤지를
수레에 척 걸쳐 놓고 쇠똥을 밀어 올렸지.
"야, 쉽다 쉬워. 이렇게 하면 되는구나."

똥구리는 신이 나서 수레를 끌고 갔어.
너무 신이 나서 가다가 그만, 덜컹!
어이쿠, 바퀴가 웅덩이에 빠져 버렸어.
밀어 보고 당겨 봐도 꼼짝도 안 했어.
"좋은 방법이 있을 거야."

그때 막대기에 짐을 매달고 가던 개미가 똥구리에게 말했어.
"똥구리야, 막대기를 바퀴 밑에 받쳐 봐."
똥구리는 막대기를 작은 돌에 받치고 바퀴 아래에 밀어 넣었어.
그리고 막대기 끝을 눌러 주었더니 쑤욱!
"야! 해냈다, 해냈어."

똥구리는 다시 부지런히 수레를 끌고 갔어.
햇볕은 쨍쨍하지, 날은 덥지,
똥구리는 그만 지쳐 버렸어.
"아, 물이라도 좀 마셨으면……."
똥구리는 물 마실 데를 찾아 보았어.

한참을 찾다 보니 저기 우물이 보였어.
똥구리는 헐레벌떡 우물가로 달려갔어.
옆에 있는 **두레박***을 내려서 물을 퍼 올렸지.
"야, 이 두레박은 도르래*가 달려 있어서 참 편하네."
벌컥벌컥 똥구리는 물 한 바가지를 다 마셨어.

다시 힘이 난 똥구리는
씩씩한 발걸음으로 수레를 끌고 갔어.

멀리 집이 보였어.

“엄마 아빠가 깜짝 놀라실 거야.”

엄마 아빠는 진짜 깜짝 놀랐어.
“우리 똥구리 장하다, 장해!”
무척 힘든 하루였지만 똥구리는 기분이 좋았어.
똥구리는 엄마 아빠가 왜 동글동글한 쇠똥만 굴려 오는지 알았어.
영차영차 쇠똥을 굴려라!

Q 무거운 물건을 들어 올리거나 옮길 때는 힘이 많이 들어요.
그럴 때 편하게 짐을 옮기려면 어떻게 해야 할까요?

## 바퀴

똥구리가 수레로 네모난 쇠똥을 실어 나를 수 있었던 것은 동그란 바퀴가 있었기 때문이에요. 바퀴가 네모 모양이나 세모 모양이었다면 굴러가지 못했을 거예요.

✲ 바퀴의 이용

피아노나 냉장고 같은 무거운 물건들도 밑에 바퀴가 달려 있는 수레에 실으면 쉽게 옮길 수 있어요. 그래서 자전거, 자동차와 같은 교통 수단은 모두 바퀴를 이용해요.

## 빗면

무거운 짐을 높은 곳에 올리려 한다면 똥구리처럼 빗면을 이용해서 밀어 올리면 힘이 덜 들어요. 빗면을 이용할 때는 경사가 완만할수록 힘이 적게 들어요.

✲ 빗면의 이용

우리가 사는 아파트 계단 옆에도 빗면이 있어요. 유모차나 자전거가 올라가는 길이 바로 빗면이에요. 또 건물의 계단이나 높은 산의 등산로도 빗면의 원리를 이용하여 만들었어요.

## A 바퀴, 빗면, 지레, 도르래 등을 이용하면 된답니다.

### 지레

똥구리가 웅덩이에 빠진 수레를 끌어 올린 것처럼 받침점과 막대기를 이용해 지레를 만들면 아무리 무거운 물건이라도 가볍게 들어 올릴 수 있어요.

**✲ 지레의 이용**

우리 주변에는 지레의 원리를 이용한 도구가 참 많아요. 놀이터에 있는 시소도 지레를 이용하여 만들었어요. 저울, 병따개, 가위 같은 도구도 지레의 원리를 이용하여 만들었답니다.

### 도르래

똥구리가 우물에서 본 것처럼, 동그란 바퀴에 줄을 걸어 만든 도르래를 이용하면 물건을 끌어 올리거나 내릴 때 힘이 적게 들어요. 또 힘의 방향도 바꿀 수 있어요.

**✲ 도르래의 이용**

우리 주변에서 도르래를 이용한 물건을 찾아 볼까요? 가리개나 기중기에도 도르래가 이용되고, 엘리베이터와 국기 게양대에도 도르래가 달려 있답니다.

# 오르락내리락 **도르래 만들기**

생활에서 많이 쓰이는 도르래는 사실 아주 간단한 원리로 이루어져 있답니다.
그 원리만 이해하면 도르래는 금세 만들 수 있어요. 자, 이제부터 도르래를 만들어 볼까요?

## 준비해요

헌 실패 철사 기다란 노끈 나사못 ㄱ 자 꺾쇠 하나 드라이버 책꽂이 책

## 이렇게 해요

1

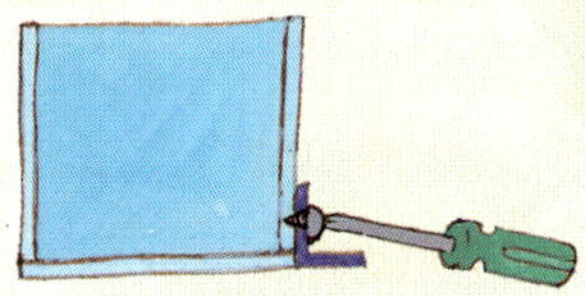

ㄱ 자 꺾쇠를 비어 있는 책꽂이 옆면에 드라이버와 나사못을 이용하여 튼튼하게 고정시켜요.

2

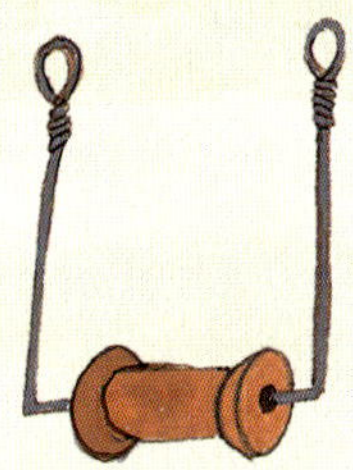

실패 한가운데를 철사로 뀐 뒤, 철사의 양 끝을 둥글게 말아요.

3

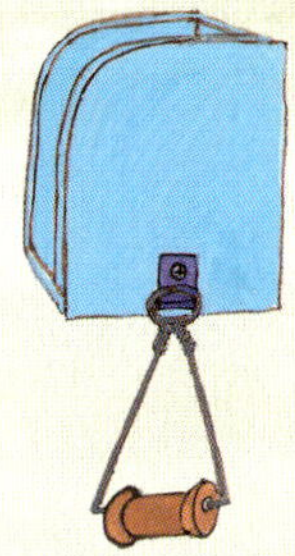

실패를 뀐 철사 윗부분을 ㄱ 자 꺾쇠 끝에 걸고 고정시켜요.

### 도르래가 완성되었나요?

노끈 한쪽 끝에 물건을 매달고 다른 쪽을 끌어당겨 보세요. 도르래 없이 물건을 들었을 때보다 편리하게 물건을 들 수 있다는 것을 알게 될 거예요.

### 이렇게도 해 보세요.

새로운 실패에 철사를 꿰어 방금 만든 도르래와 연결하면 움직도르래가 만들어진답니다. 고정 도르래에 비해 얼마나 힘이 덜 드는지 비교해 보세요.